ice cream - la glace • monkey - le singe
apple - la pomme
flag - le drapeau • sheep - le mouton
ice cream - la glace • bicycle - le vélo
apple - la pomme • monkey - le singe
flag - le drapeau • sheep - le mouton
ice cream - la glace • bicycle - le vélo
apple - la pomme • monkey - le singe
flag - le drapeau • sheep - le mouton
ice cream - la glace • bicycle - le vélo
apple - la pomme • monkey - le singe
flag - le drapeau • sheep - le mouton
ice cream - la glace • bicycle - le vélo
apple - la pomme • monkey - le singe
flag - le drapeau • sheep - le mouton
ice cream - la glace • bicycle - le vélo

MY FIRST 1000 WORDS

ENGLISH
FRENCH

boy – le garçon

fish – le poisson

duck – le canard

car – la voiture

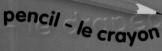

pencil – le crayon

ANGLAIS
FRANÇAIS

MES 1000 PREMIERS MOTS

Brown Watson

ENGLAND

contents

contenu

First published 2014 by Brown Watson,
The Old Mill, 76 Fleckney Road,
Kibworth Beauchamp, Leics, LE8 0HG

ISBN:978-0-7097-2185-7
© 2014 Brown Watson, England
Reprinted 2016
Printed in Malaysia

father, husband
le père, le mari

mother, wife
la mère, la épouse

grandfather
le grand-père/papi

grandmother
la grand-mère/mamie

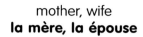

daughter, sister
la fille, la soeur

son, brother
le fils, le frère

cousin
la cousine

uncle
l'oncle

cousin
le cousin

aunt
la tante

our bodies

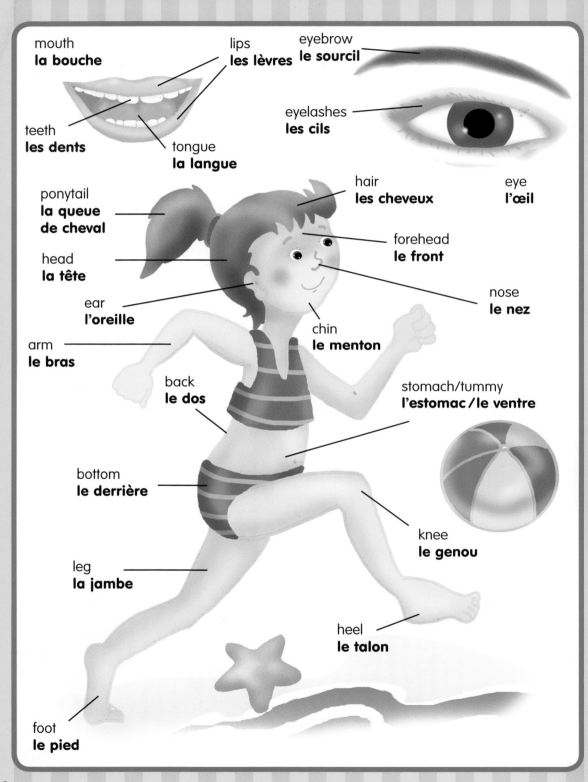

mouth
la bouche

lips
les lèvres

eyebrow
le sourcil

eyelashes
les cils

teeth
les dents

tongue
la langue

hair
les cheveux

eye
l'œil

ponytail
**la queue
de cheval**

forehead
le front

head
la tête

nose
le nez

ear
l'oreille

chin
le menton

arm
le bras

back
le dos

stomach/tummy
l'estomac / le ventre

bottom
le derrière

knee
le genou

leg
la jambe

heel
le talon

foot
le pied

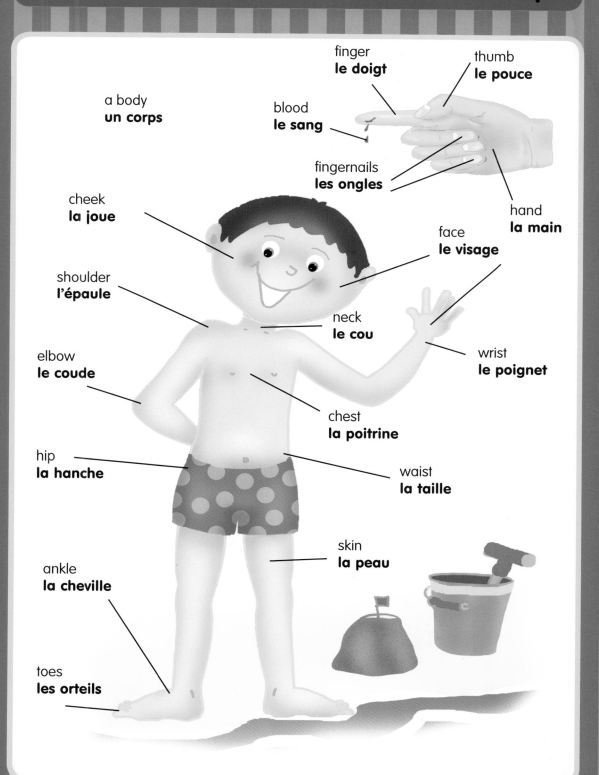

finger
le doigt

thumb
le pouce

a body
un corps

blood
le sang

fingernails
les ongles

hand
la main

cheek
la joue

face
le visage

shoulder
l'épaule

neck
le cou

elbow
le coude

wrist
le poignet

chest
la poitrine

hip
la hanche

waist
la taille

skin
la peau

ankle
la cheville

toes
les orteils

bald
chauve

man
l'homme

boy
le garçon

moustache
la moustache

people
les gens

parents
les parents

beard
la barbe

football boots
les chaussures de foot

twins
les jumelles

bride
la mariée

top hat
le haut-de-forme

baby
le bébé

triplets
les triplets

bouquet
le bouquet

bridegroom
l'époux, le marié

see
voir

smell
sentir

feel
sentir

hear
entendre

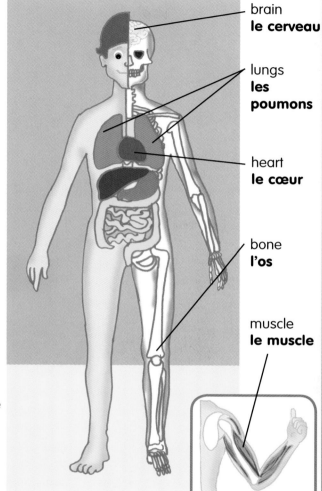

brain
le cerveau

lungs
les poumons

heart
le cœur

bone
l'os

muscle
le muscle

girl
la fille

touch
toucher

taste
goûter

11

clothes

dress
la robe

sweatshirt
le sweat

hat
le chapeau

knickers
les culottes

dressing gown
la robe de chambre

pocket
la poche

cargo pants
le pantalon cargo

anorak
l'anorak

socks
les chaussettes

blouse
la blouse

skirt
la jupe

pyjamas
le pyjama

sundress
la robe de soleil

leggings
le legging

coat
le manteau

badge
l'insigne

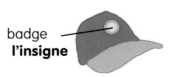

cap
la casquette

hood
la capuche

shorts
le short

raincoat
l'imperméable

T-shirt
le tee-shirt

dungarees
la salopette

nightie
**la chemise
de nuit**

petticoat
le jupon

jeans
le jean

waistcoat
le gilet

rainhat
le chapeau de pluie

cardigan
le cardigan

tracksuit
le survêt

jumper
le pull

wool
la laine

shirt
la camisa

more things to wear

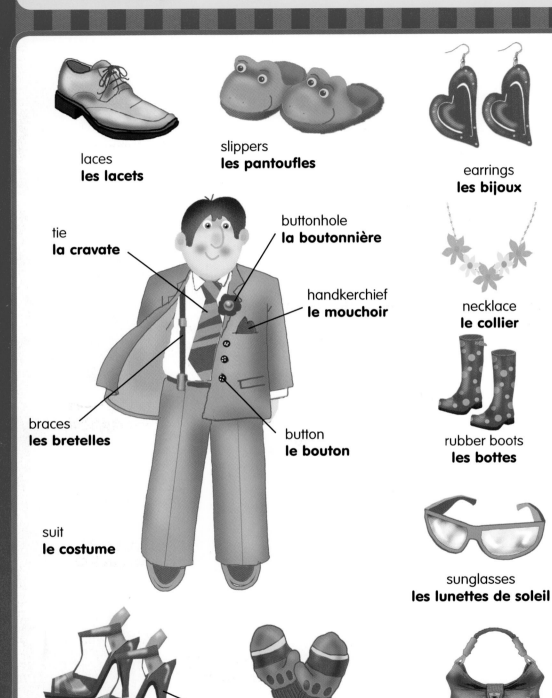

laces
les lacets

slippers
les pantoufles

earrings
les bijoux

tie
la cravate

buttonhole
la boutonnière

handkerchief
le mouchoir

necklace
le collier

braces
les bretelles

button
le bouton

rubber boots
les bottes

suit
le costume

sunglasses
les lunettes de soleil

shoes
les chaussures

heel
le talon

mittens
les moufles

handbag
le sac à main

overalls
**la combinaison
/la salopette**

gloves
les gants

ring
l'anneau

boots
les bottes

trainers
les baskets

belt
la ceinture

diamonds
les diamants

swimming trunks
le maillot de bain

buckle
la boucle

tiara
la tiare

sandals
les sandales

ribbon
le ruban

bracelet
le bracelet

brooch
la broche

uniform
l'uniforme

school bag
le cartable

15

the bedroom

bedside table
la commode

lamp
la lampe

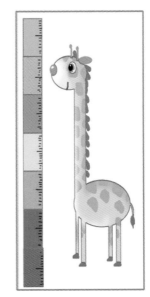

pictures
les tableaux

bunk beds
les lits superposés

height chart
le tableau de la hauteur

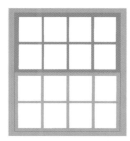

window
la fenêtre

curtains
les rideaux

alarm clock
le réveil

pillow
l'oreiller

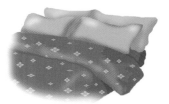

duvet
la couette

wardrobe
la garde-robe

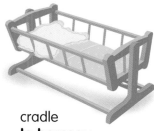

cradle
le berceau

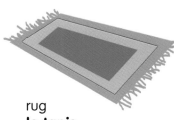

rug
le tapis

cot
le lit de bébé

headboard
la tête de lit

sheet
la feuille

blanket
le blanchet

bed
le lit

the bathroom

plughole
le trou d'écoulement

plug
la bonde

sponge
l'éponge

bath
le bain

bubbles
les bulles

toilet
les toilettes

toilet paper
le papier hygiénique

washbasin
le lavabo

towel
la serviette

shower curtain
le rideau de douche

cold
froid

hot
chaud

taps
les robinets

towel rail
le sèche-serviettes

soap
le savon

soap dish
le porte-savon

toothpaste
le dentifrice

toothbrush
la brosse à dents

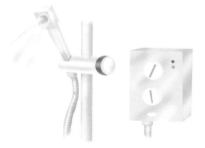

shower
la douche

potty
le pot

scales
la balance

the kitchen

food mixer
le mixeur

microwave
le micro-ondes

cooker
la cuisinière

oven
le four

kettle
la bouilloire

sink
l'évier

draining board
l'égouttoir

dresser
la commode

cup
la tasse

teapot
la théière

vacuum cleaner
l'aspirateur

ironing board
la planche à repasser

iron
le fer

washing machine
la machine à laver

dishwasher
le lave-vaisselle

socket
la prise

switch
l'interrupteur

plug
la prise

fridge
le réfrigérateur

freezer
le congélateur

the living room

frame
le cadre

photograph
le photo

magazine rack
le porte-revues

newspapers
les journaux

door
la porte

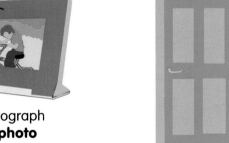

magazines
les magazines

tray
le plateau

door handle
la poignée

cushions
les coussins

painting
la peinture

telephone/phone
le téléphone

remote control
la télécommande

mobile phone
le mobile, le portable

mp3 player
le MP3

radiator
le radiateur

television set/TV
la télévision

DVD
le DVD

DVD player
le lecteur DVD

flames
les flammes

fireplace
la cheminée

mantelpiece
la cheminée

vase of flowers
le vase de fleurs

23

the dining room

tablecloth
la nappe

plates
les assiettes

vinegar
le vinaigre

oil
l'huile

tea cup
la tasse

saucer
la soucoupe

mirror
le miroir

teaspoon
la petite cuillère

napkin rings
les ronds de serviette

napkin
la serviette de table

fork
la fourchette

spoon
la cuillère

placemat
le napperon

knife
le couteau

candle
la bougie

candlestick
le bougeoir

salt
le sel

pepper
le poivre

table
la table

chairs
les chaises

egg cup
le coquetier

jug
le pichet

glass
la verre

wine glass
le verre à vin

fruit bowl
le saladier

bottle
la bouteille

the playroom

play house
la cabane de jeu

doll's pram
le landau de poupée

counting frame
le cadre de comptage

skittles
les quilles

building blocks
les cubes

spinning top
la toupie

rocking horse
le cheval à bascule

dolls' house
la maison de poupée

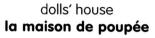

robot
le robot

dinosaur
le dinosaure

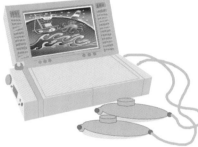

games console
la console

soft toys
les peluches

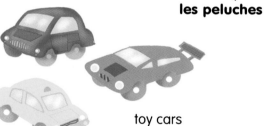

toy cars
les petites voitures

toy boats
les petits bateaux

skateboard
le skateboard

train set
le train

castle
le château

toy soldiers
les soldats de plomb

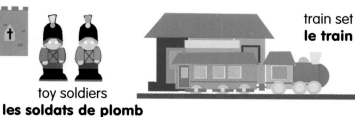

in the house

telephone
le téléphone

duster
le plumeau

footstool
le marchepied

sofa
le canapé

bean bag
le sac de fèves

stool
le tabouret

rocking chair
le rocking-chair

high-chair
la chaise haute

rug
le tapis

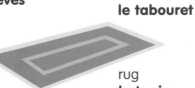

laptop
l'ordinateur portable

bookcase
la bibliothèque

table lamp
la lampe

lampshade
l'abat-jour

grandfather clock
l'horloge comtoise

sideboard
le buffet

dressing-table
la coiffeuse

candelabra
le candélabre

coffee table
la table basse

carpet
le tapis

breakfast
le petit déjeuner

toast
le pain grillé

breakfast cereal
les céréales

over
par-dessus

behind
derrière

in front
devant

fat
gros

under
sous

thin
mince

small
petit

big
grand

out
dehors

happy
joyeux

in
dedans

sad
triste

fast
rapide

up
en haut

high
haut

slow
lent

down
en bas

above
au-dessus

wet
mouillé

low
bas

below
au-dessous

dry
sec

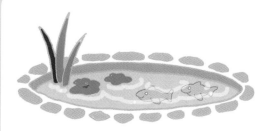

pond
l'étang/le bassin

greenhouse
la serre

bird table
la table d'oiseaux

windowbox
le jardinière

garden tools
**les outils
de jardinage**

shed
la cabane

lawnmower
la tondeuse

barbecue
le barbecue

wheelbarrow
la brouette

seeds
les graines

rake
le râteau

pot plant
la plante en pot

garden fork
**la fourchette
de jardin**

sprinkler
l'arroseur

hosepipe
le tuyau d'arrosage

spade
la pelle

in the workshop

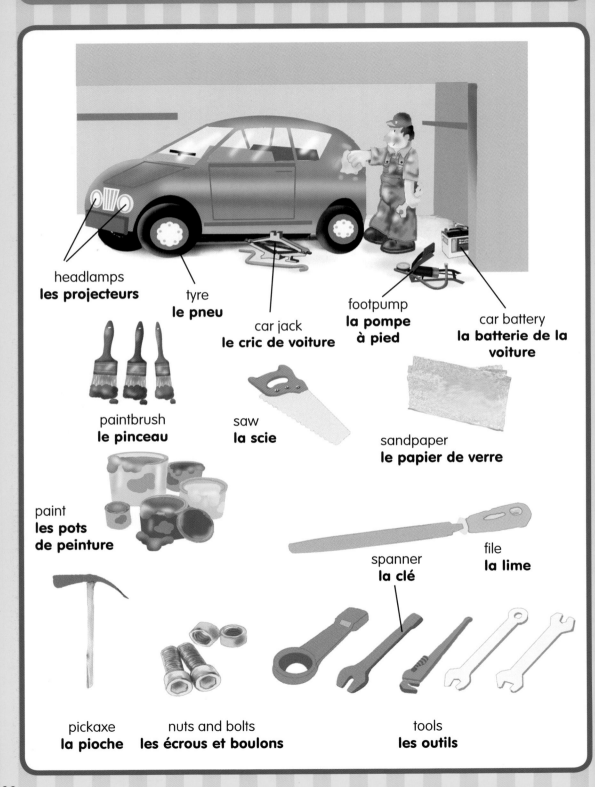

headlamps
les projecteurs

tyre
le pneu

car jack
le cric de voiture

footpump
**la pompe
à pied**

car battery
**la batterie de la
voiture**

paintbrush
le pinceau

saw
la scie

sandpaper
le papier de verre

paint
**les pots
de peinture**

spanner
la clé

file
la lime

pickaxe
la pioche

nuts and bolts
les écrous et boulons

tools
les outils

oil can
le bidon d'huile

clamp
la pince

axe
la hache

penknife
le canif

scissors
les ciseaux

drill
la perceuse

wooden plank
la planche en bois

screwdriver
le tournevis

screws
les vis

pliers
la pince

bucket
le seau

hammer
le marteau

nails
les clous

plane
le plan

tape-measure
le mètre

toolbox
la boîte à outils

animals

mouse
la souris

goldfinch
le chardonneret

toad
le crapaud

guinea pig
le cochon d'inde

kitten
le chaton

cat
le chat

hamster
le hamster

parrot
le perroquet

budgerigar
la perruche

canary
le canari

rat
le rat

cockerel
le coq

pony
le poney

horse
le cheval

donkey
l'âne

duck
le canard

hedgehog
le hérisson

mynah bird
le mainate

fish
le poisson

dog
le chien

puppy
le chiot

rabbit
le lapin

cockatoo
le cacatoès

lizard
le lézard

gerbil
la gerbille

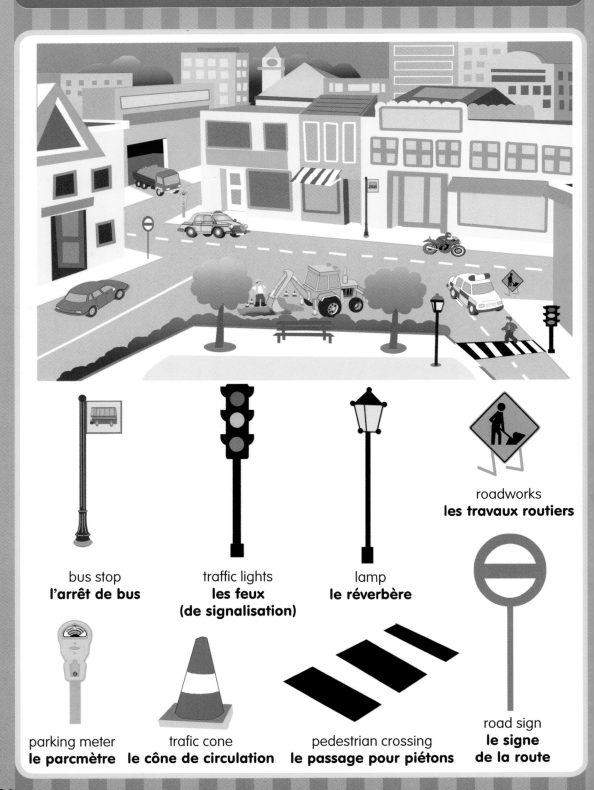

roadworks
les travaux routiers

bus stop
l'arrêt de bus

traffic lights
**les feux
(de signalisation)**

lamp
le réverbère

parking meter
le parcmètre

trafic cone
le cône de circulation

pedestrian crossing
le passage pour piétons

road sign
**le signe
de la route**

van
le fourgon

bus
le bus

truck
le camion

digger
la pelleteuse

handlebars
le guidon

bicycle
le vélo

motorbike
la moto

taxi
le taxi

police car
la voiture de police

car
la voiture

fire engine
le camion de pompiers

in the town

church
l'église

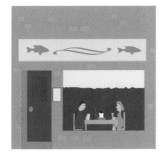

restaurant
le restaurant

smoke
la fumée

chimney
la cheminée

factory
l'usine

le cinema
le cinéma

theatre
le théâtre

hotel
l'hôtel

park
le parc

office block
**l'immeuble
de bureaux**

library
la bibliothèque

bank
la banque

skyscraper
le gratte-ciel

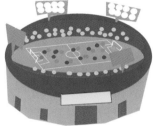

sports stadium
le stade

garage
le garage

florist
le fleuriste

supermarket
le supermarché

houses
les maisons

pub
la pub

numbers

les nombres

one boy
un garçon

two hens
deux poules

three children
trois enfants

four rabbits
quatre lapins

five kittens
cinq chatons

six crayons
six crayons

seven bees
sept abeilles

eight flowers
huit fleurs

nine butterflies
neuf papillons

ten balloons
dix ballons

trolley
le chariot

loaf of bread
le pain

vegetables
les légumes

milk
le lait

can of soup
le boîte de soupe

fish
le poisson

shopping basket
le panier

cheese
le fromage

chip and pin machine
la machine à puce

credit card
la carte de crédit

money
l'argent

purse
le porte-monnaie

shopping bag
le sac

cereal
les céréales

chiller cabinet
**l'armoire
de refroidissement**

chicken
le poulet

toilet rolls
le papier hygiénique

orange
l'orange

grapes
les raisins

banana
la banane

cherries
les cerises

lemon
le citron

pineapple
l'ananas

apple
la pomme

redcurrants
les groseilles

plums
les prunes

gooseberries
les groseilles à maquereau

grapefruit
le pamplemousse

pear
la poire

les tomates
les tomates

melon
le melon

strawberries
les fraises

vegetables

les légumes

cabbage
le chou

cucumber
le concombre

potatoes
les pommes de terre

pumpkin
la citrouille

peas
les petits pois

corn on the cob
les épis de maïs

carrots
les carottes

onions
les oignons

leeks
les poireaux

green beans
les haricots verts

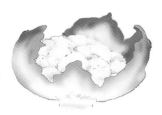

cauliflower
le chou-fleur

lettuce
la laitue

mushrooms
les champignons

Brussels sprouts
les choux de Bruxelles

food and drink

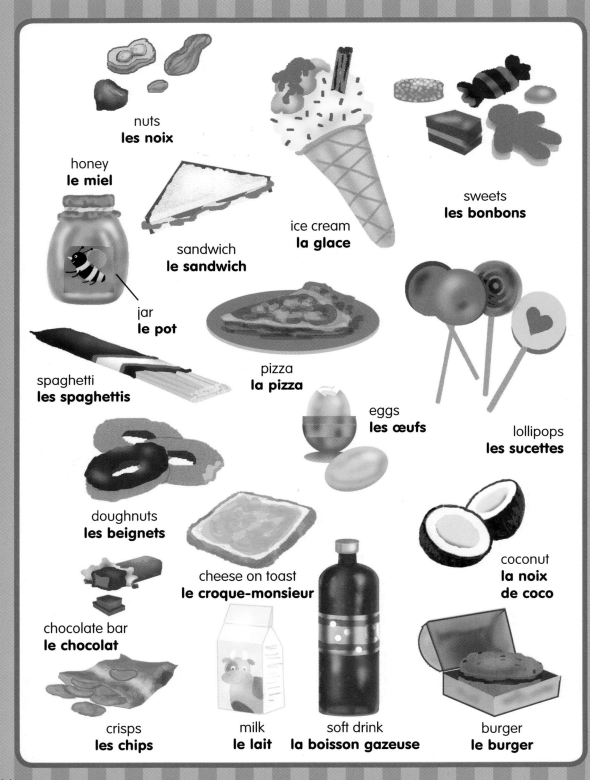

nuts
les noix

honey
le miel

sandwich
le sandwich

ice cream
la glace

sweets
les bonbons

jar
le pot

spaghetti
les spaghettis

pizza
la pizza

eggs
les œufs

lollipops
les sucettes

doughnuts
les beignets

cheese on toast
le croque-monsieur

coconut
la noix de coco

chocolate bar
le chocolat

crisps
les chips

milk
le lait

soft drink
la boisson gazeuse

burger
le burger

jelly
la gelée

cakes
les gâteaux

sausages
les saucisses

hot dog
le hot-dog

mustard
la moutarde

fries
les frites

tomato ketchup
le ketchup

milk shakes
les milk-shakes

sausage roll
la friande

apple pie
la tourte aux pommes

loaf of bread
le pain

salad
la salade

pancakes
les crêpes

rice
le riz

musical instruments   les instruments de musique

drum
le tambour

saxophone
le saxophone

tambourine
le tambourin

recorder
la flûte à bec

bow
l'archet

violin
le violon

maracas
les maracas

accordion
l'accordéon

trumpet
la trompette

triangle
le triangle

horn
le cor anglais

harp
la harpe

cello
le violoncelle

xylophone
le xylophone

bagpipes
la cornemuse

flute
la flûte

piano keys
la touche

piano
le piano

climbing frame
la cage à poules

roundabout
le manège

kite
le cerf-volant

 string
la corde

bin
la poubelle

park bench
le banc

scooter
la trotinette

dog
le chien

skateboard
le skateboard

slide
le toboggan

sandpit
le bac à sable

bandstand
le kiosque à musique

see-saw
la balançoire

pond
l'étang

ball
le ballon

shopkeeper
la marchande

hairdresser
la coiffeuse

electrician
l'électricien

microscope
le microscope

librarian
la bibliothécaire

scientist
le scientifique

ringmaster
le chef de piste

dentist
le dentiste

fashion designer
la créatrice de mode

traffic warden
l'agent de circulation

security guard
l'agent de sécurité

miner
le mineur

baker
le boulanger

guard dog
le chien de garde

dancer
la danseuse

refuse collector
l'éboueur

judge
le juge

microphone
le microphone

policeman
le policier

singer
la chanteuse

doctor
le médecin

more people at work

photographer
le photographe

gardener
le jardinier

easel
le chevalet

artist
l'artiste

palette
la palette

clown
le clown

fireman
le pompier

window cleaner
le laveur de vitre

carpenter
le charpentier

actor
l'acteur

musician
la musicienne

saucepan
le casserole

nurse
l'infirmière

cook
le cuisinier

mechanic
le mécanicien

farmer
l'agriculteur

diver
le plongeur

fisherman
le pêcheur

postman
le facteur

stepladder
l'escabeau

decorator
le peintre

teacher
la professeure

secretary
la secrétaire

meat
la viande

removal man
le déménageur

butcher
le boucher

vet
le vétérinaire

waiter
le serveur

builder
le constructeur

astronaut
l'astronaute

in the office

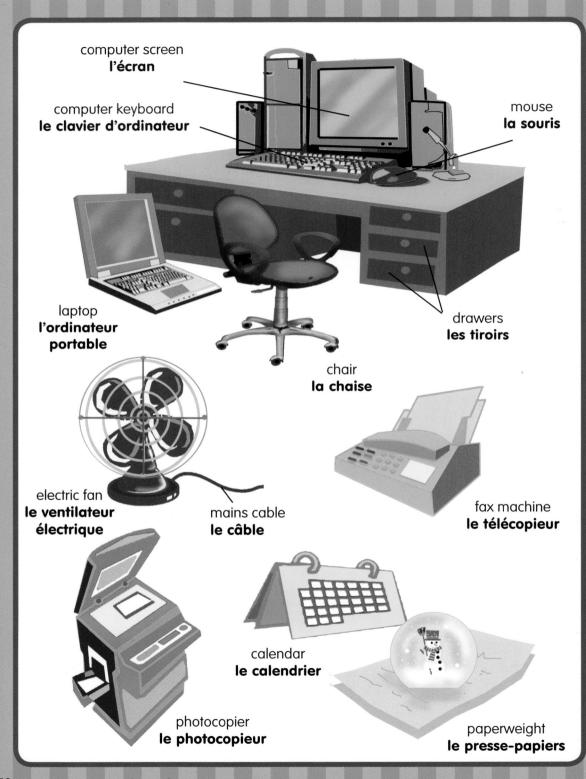

computer screen
l'écran

computer keyboard
le clavier d'ordinateur

mouse
la souris

laptop
l'ordinateur portable

drawers
les tiroirs

chair
la chaise

electric fan
le ventilateur électrique

mains cable
le câble

fax machine
le télécopieur

calendar
le calendrier

photocopier
le photocopieur

paperweight
le presse-papiers

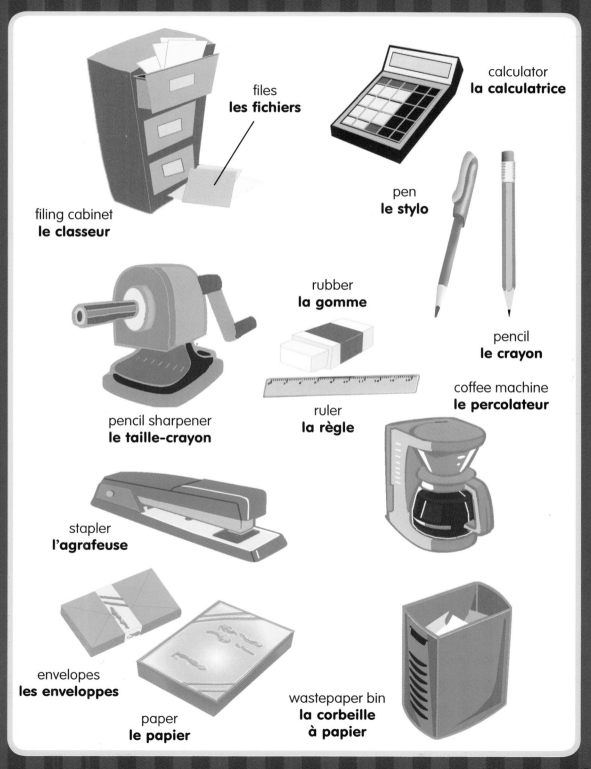

files
les fichiers

calculator
la calculatrice

filing cabinet
le classeur

pen
le stylo

rubber
la gomme

pencil
le crayon

pencil sharpener
le taille-crayon

ruler
la règle

coffee machine
le percolateur

stapler
l'agrafeuse

envelopes
les enveloppes

paper
le papier

wastepaper bin
**la corbeille
à papier**

53

at the garage

car wash
le lavage auto

cashier
le caissier

puddle of oil
la flaque d'huile

tow truck
la dépanneuse

petrol pump
la pompe à essence

attendant
le pompiste

petrol tanker
le camion-citerne

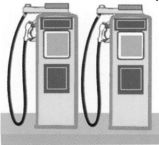

water pump
la pompe à eau

air pump
la pompe à air

54

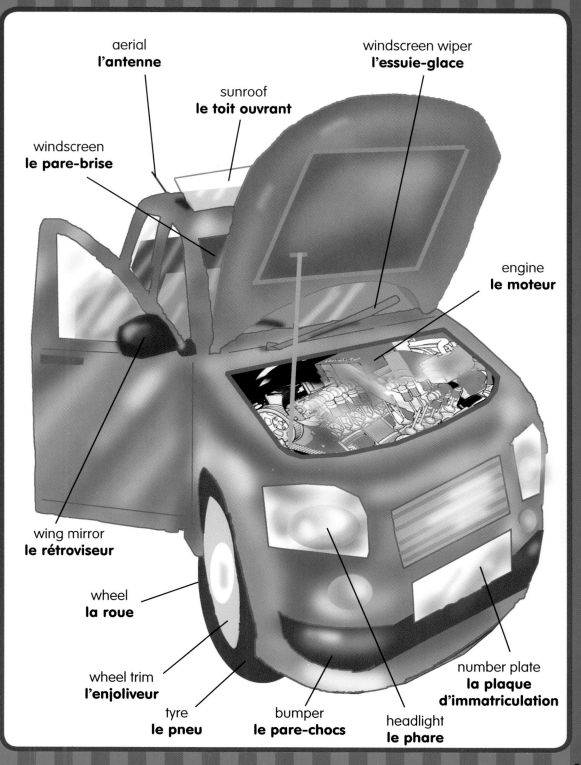

aerial
l'antenne

windscreen wiper
l'essuie-glace

sunroof
le toit ouvrant

windscreen
le pare-brise

engine
le moteur

wing mirror
le rétroviseur

wheel
la roue

number plate
**la plaque
d'immatriculation**

wheel trim
l'enjoliveur

tyre
le pneu

bumper
le pare-chocs

headlight
le phare

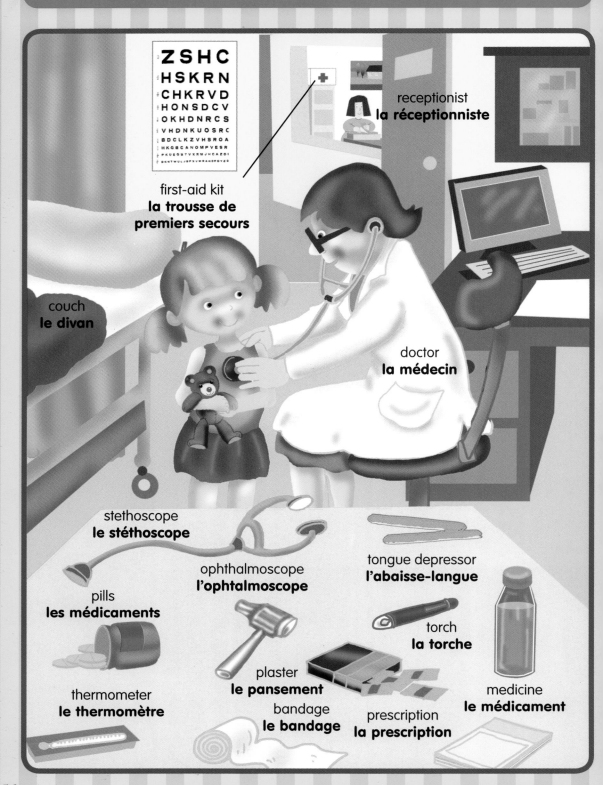

ZSHC
HSKRN
CHKRVD
HONSDCV
OKHDNRCS
VHDNKUOSRC
BDCLKZVHSROA
HKGBCANOMPVESR

receptionist
la réceptionniste

first-aid kit
la trousse de premiers secours

couch
le divan

doctor
la médecin

stethoscope
le stéthoscope

ophthalmoscope
l'ophtalmoscope

tongue depressor
l'abaisse-langue

pills
les médicaments

torch
la torche

plaster
le pansement

medicine
le médicament

thermometer
le thermomètre

bandage
le bandage

prescription
la prescription

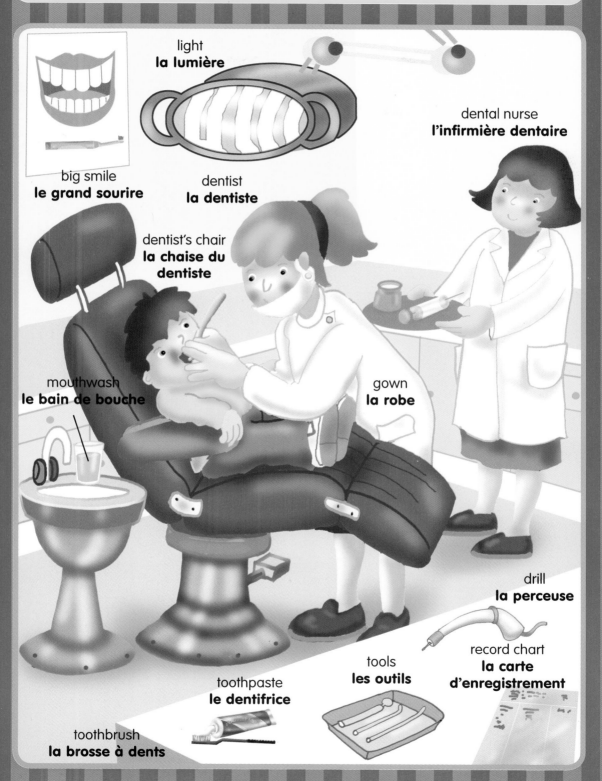

big smile
le grand sourire

light
la lumière

dentist
la dentiste

dental nurse
l'infirmière dentaire

dentist's chair
la chaise du dentiste

mouthwash
le bain de bouche

gown
la robe

drill
la perceuse

record chart
la carte d'enregistrement

tools
les outils

toothpaste
le dentifrice

toothbrush
la brosse à dents

in hospital

ambulance
l'ambulance

consultant
le consultant

sling
l'écharpe

doctor
la médecin

orderly
l'aide infirmier

hospital bed
le lit d'hôpital

58

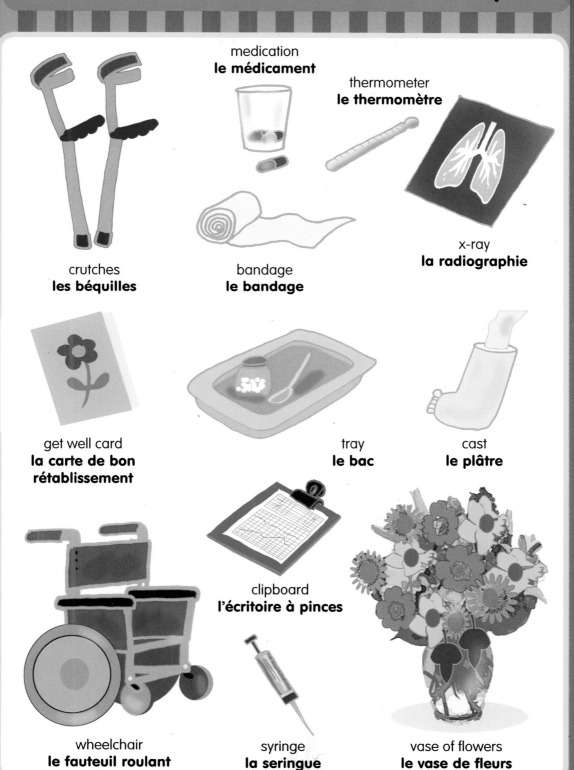

medication
le médicament

thermometer
le thermomètre

x-ray
la radiographie

crutches
les béquilles

bandage
le bandage

get well card
la carte de bon rétablissement

tray
le bac

cast
le plâtre

clipboard
l'écritoire à pinces

wheelchair
le fauteuil roulant

syringe
la seringue

vase of flowers
le vase de fleurs

a board game
le jeu (de société)

listening to music
écouter de la musique

gardening
le jardinage

dressing up
se déguiser

sewing
la couture

reading
la lecture

cooking
faire la cuisine

writing
écrire

leapfrog
le saute-mouton

dancing
danser

playing a computer game
le jeu informatique

singing
chanter

walking
la randonnée

playing cards
les jeux de cartes

fun with paper
découper et coller

paper hat
le chapeau pointu

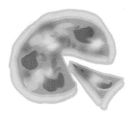

pizza
la pizza

sweets
les bonbons

present
le cadeau

balloon
le ballon

cake
le gâteau d'anniversaire

candle
la bougie

birthday card
le carte d'anniversaire

fizzy drink
le boisson gazeuse

sandwiches
les sandwiches

biscuits
les biscuits

orange juice
le jus d'orange

fairy cakes
les pâtisseries

straw
la paille

camera
l'appareil photo

sports

horse riding
l'équitation

cycling
le cyclisme

basketball
le basket

ice hockey
le hockey sur glace

golf
le golf

skiing
le ski

swimming
la natation

ice skating
le patinage

baseball
le base-ball

boxing
la boxe

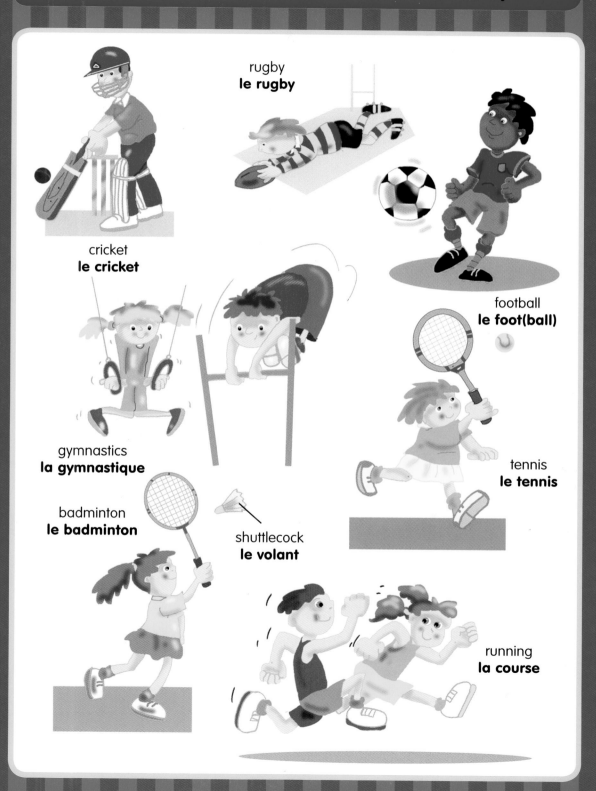

rugby
le rugby

cricket
le cricket

football
le foot(ball)

gymnastics
la gymnastique

tennis
le tennis

badminton
le badminton

shuttlecock
le volant

running
la course

on the farm

cow
la vache

hen house
le poulailler

hen
la poule

chicks
les poussins

calf
le veau

pig
le cochon

sheep
le mouton

lamb
l'agneau

piglet
le porcelet

goat
la chèvre

kid
le chevreau

bull
le taureau

à la ferme

field
le champ

apple trees
les pommiers

fence
la clôture

farmer
l'agriculteur

dog
le chien

haystack
**la meule de paille
/de foin**

tractor
le tracteur

horse
le cheval

goose
l'oie

foal
le poulain

goslings
les oisons

turkey
la dinde

duck
le canard

cockerel
le coq

ducklings
les canetons

at school

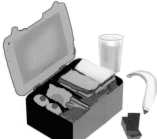

packed lunch
le pique-nique

globe
le globe

computer
l'ordinateur

modelling clay
la pâte à modeler

notebook
le bloc-notes

alphabet
l'alphabet

wall chart
le tableau mural

exercise books
les cahiers

teacher
la maîtresse

backpack
le sac à dos

pencil case
la trousse

ruler
la règle

drawing
le dessin

pupils
les élèves

going places: by train

the railway station **la gare**

railway track
la voie ferrée

diesel train
le train diesel

steam engine
le train à vapeur

smoke
la fumée

freight car
le wagon de marchandises

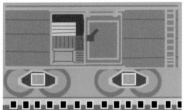

tunnel
le tunnel

underground railway
le métro

escalator
l'escalator

platform
le quai

buffet car
la voiture-bar

luggage
les bagages

ticket office
le guichet

signal
le signal

speaker
le haut-parleur

buffer
le tampon

passenger
la passager

ticket collector
le contrôleur

level crossing　　**le passage à niveau**

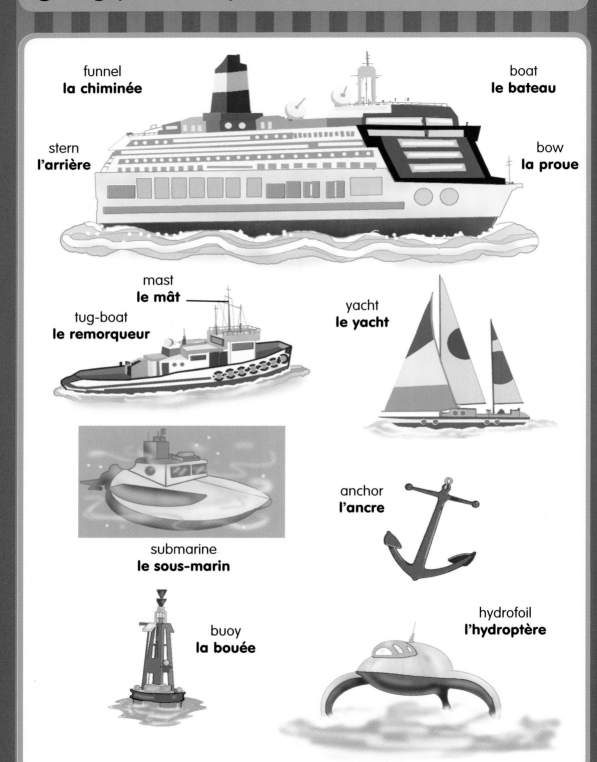

funnel
la cheminée

boat
le bateau

stern
l'arrière

bow
la proue

mast
le mât

tug-boat
le remorqueur

yacht
le yacht

submarine
le sous-marin

anchor
l'ancre

buoy
la bouée

hydrofoil
l'hydroptère

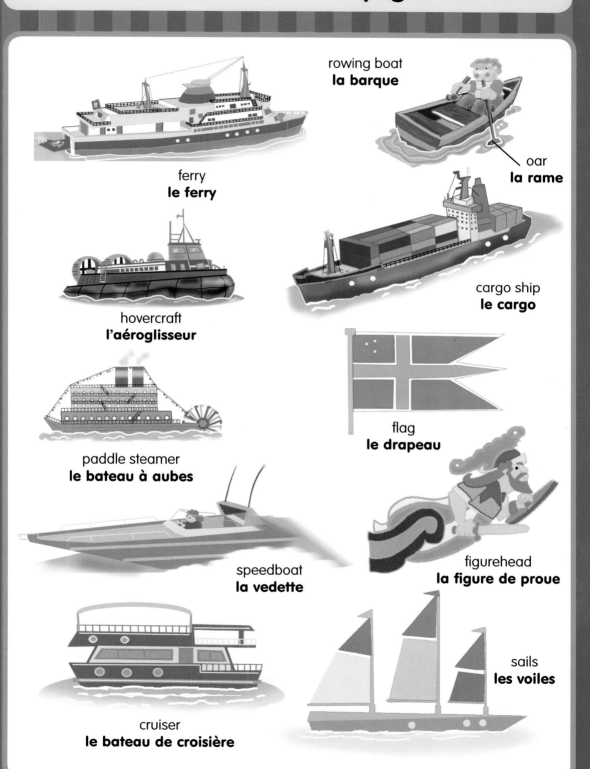

rowing boat
la barque

oar
la rame

ferry
le ferry

hovercraft
l'aéroglisseur

cargo ship
le cargo

paddle steamer
le bateau à aubes

flag
le drapeau

speedboat
la vedette

figurehead
la figure de proue

sails
les voiles

cruiser
le bateau de croisière

going places: by plane

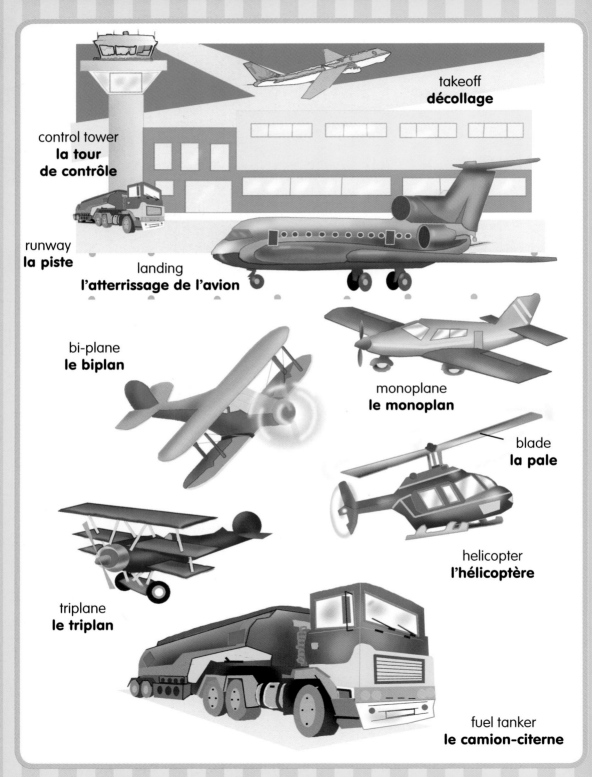

takeoff
décollage

control tower
**la tour
de contrôle**

runway
la piste

landing
l'atterrissage de l'avion

bi-plane
le biplan

monoplane
le monoplan

blade
la pale

helicopter
l'hélicoptère

triplane
le triplan

fuel tanker
le camion-citerne

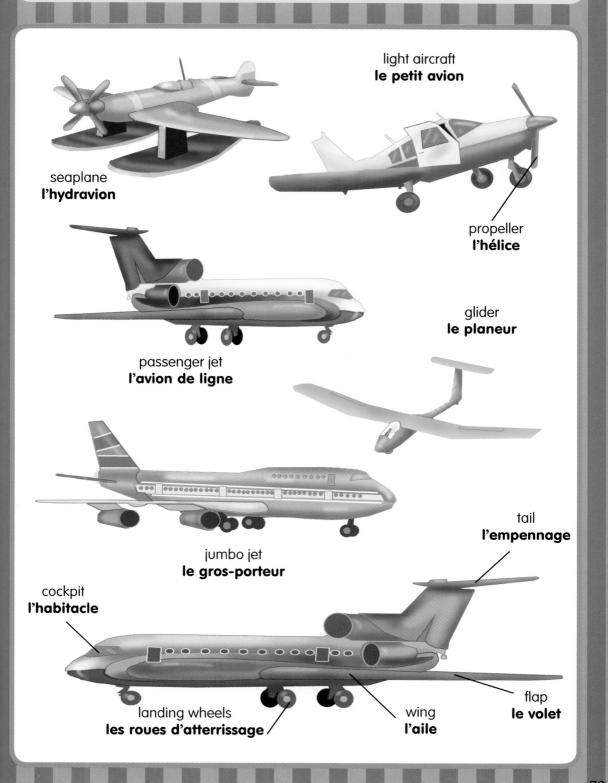

light aircraft
le petit avion

seaplane
l'hydravion

propeller
l'hélice

glider
le planeur

passenger jet
l'avion de ligne

jumbo jet
le gros-porteur

tail
l'empennage

cockpit
l'habitacle

flap
le volet

landing wheels
les roues d'atterrissage

wing
l'aile

colours and shapes les couleurs et les formes

a red square
un carré rouge

a yellow star
une étoile jaune

a green cube
un cube vert

a blue cone
un cône bleu

a curved blue line
une courbe bleue

a pink crescent
un croissant rose clair

a pink circle
un cercle rose

a straight purple line
une ligne droite pourpre

a green oval
un ovale vert

a brown triangle
un triangle brun

a black diamond
un diamant noir

an orange corner
un coin orange

wild flowers
les fleurs sauvages

caravan
la caravane

hiker
le randonneur

tent
la tente

map
la carte

camp fire
le feu de camp

scarecrow
l'épouvantail

trees
les arbres

butterfly
le papillon

village
le village

hot-air balloon
la montgolfière

hedgehog
l'hérisson

mountains
la montagne

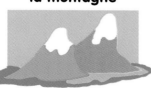

fisherman
le pêcheur

fishing rod
la canne à pêche

buildings

fire station
la caserne de pompiers

cottage
le chalet

mosque
la mosquée

boathouse
le hangar à bateaux

castle
le château

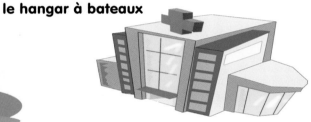

hospital
l'hôpital

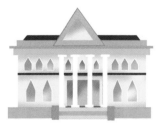

stately home
le manoir

terraced houses
les maisons mitoyennes

car park
le parking

hangar
le hangar

les bâtiments

a building site **un site de construction**

hard hat
le casque

trowel
la truelle

brick
la brique

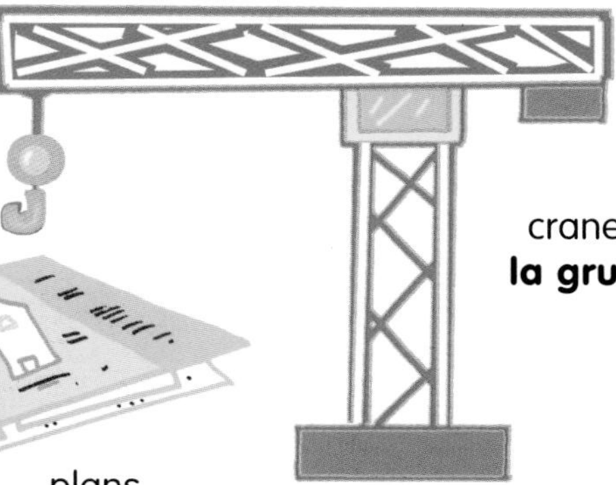

crane
la grue

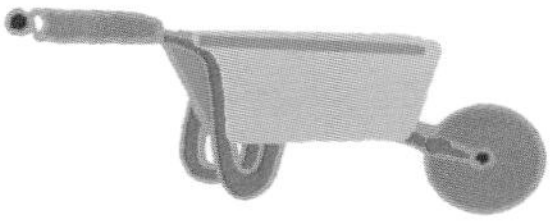

wheelbarrow
la brouette

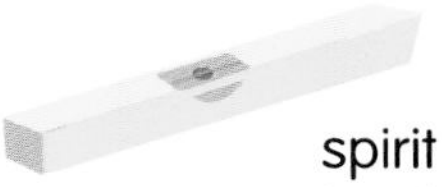

plans
les plans

spirit level
le niveau

bulldozer
le bulldozer

plank of wood
la planche

seasons and weather les saisons et la météo

spring **le printemps**

autumn **l'automne**

rain
la pluie

wind
le vent

summer **l'été**

snow
la neige

sunshine
le soleil

winter **l'hiver**

ice
la glace

hail
la grêle

lightning
la foudre

thunder
le tonnerre

rainbow
l'arc-en-ciel

storm **la tempête**

earwig
le perce-oreille

caterpillar
la chenille

beetle
le scarabée

cobweb
la toile d'araignée

ladybird
la coccinelle

spider
l'araignée

chrysalis
la chrysalide

scorpion
le scorpion

butterfly
le papillon

praying mantis
la mante religieuse

centipede
le mille-pattes

bee
l'abeille

wasp
la guêpe

snail
l'escargot

beehive
la ruche

slug
la limace

wild animals

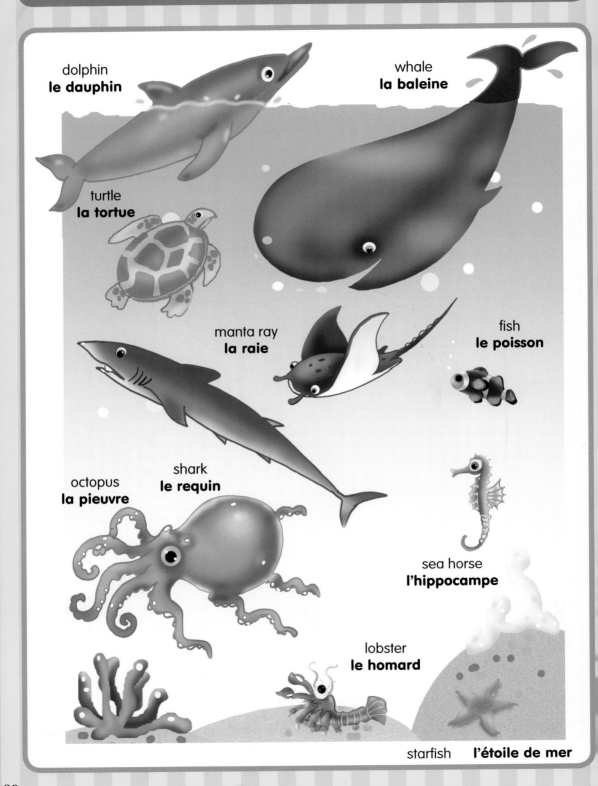

dolphin
le dauphin

whale
la baleine

turtle
la tortue

manta ray
la raie

fish
le poisson

octopus
la pieuvre

shark
le requin

sea horse
l'hippocampe

lobster
le homard

starfish **l'étoile de mer**

tiger
le tigre

zebra
le zèbre

armadillo
le tatou

panda
le panda

elephant
l'éléphant

crocodile
le crocodile

rhinoceros/rhino
le rhinocéros

hippopotamus/hippo
l'hippopotame

lion
le lion

monkey
le singe

porcupine
le porc-épic

more wild animals

penguin
le pingouin

seal
le phoque

walrus
le morse

moose
l'élan

polar bear
l'ours polaire

koala
le koala

kangaroo
le kangourou

swan
le cygne

woodpecker
le pivert/le pic

owl
le hibou

platypus
l'ornithorynque

leopard
le léopard

sloth
le paresseux

gorilla
le gorille

giraffe
la girafe

boa constrictor
le boa constricteur

cobra
le cobra

ostrich
l'autruche

camel
le chameau

peacock
le paon

wing
l'aile

antlers
les bois

beak
le bec

hoof
le sabot

fin
l'ailette

pouch
la poche

flipper
la nageoire

feather
la plume

hump
la bosse

tusk
la défense

trunk
la trompe

whiskers
les moustaches

shell
la coquille

tail
la queue

paw
la patte

shoots
les pousses

bush
le buisson

indoor plant
la plante d'intérieur

parts of a flower
les parties d'une fleur

bulb
le bulbe

petal
le pétale

bud
le bourgeon

leaf
la feuille

stem
la tige

roots
les racines

holly
le houx

seeds
les graines

rushes
les rushes

twig
le rameau

cactus
le cactus

branch
la branche

trunk
le tronc

ice cream
la glace

seagull
la mouette

shellfish
le coquillage

crab
le crabe

sandcastle
le château de sable

jellyfish
la méduse

ball
le ballon

deckchair
le transat

lighthouse
le phare

seaweed
les algues

snorkel
le tuba

spade
la pelle

rock pool
la flaque dans les rochers

flip-flops
les tongs

flippers
les palmes

life buoy
la bouée de sauvetage

starfish
l'étoile de mer

fishing net
le filet de pêche

sunglasses
les lunettes de soleil

donkey
l'âne

parasol
le parasol

beach mat
la serviette

fishing-boat
le bateau

ghost
le fantôme

monster
le monstre

mermaid
la sirène

pixie
le pixie

dinosaur
le dinosaure

witch
la sorcière

fairy
la fée

pirate
le pirate

wizard
le sorcier

toad
le crapaud

ice cream – la glace • monkey – le singe

apple – la pomme • sheep – le mouton

flag – le drapeau • bicycle – le vélo

ice cream – la glace • monkey – le singe

apple – la pomme • sheep – le mouton

flag – le drapeau • bicycle – le vélo

ice cream – la glace • monkey – le singe

apple – la pomme • sheep – le mouton

flag – le drapeau • bicycle – le vélo

ice cream – la glace • monkey – le singe

apple – la pomme • sheep – le mouton

flag – le drapeau • bicycle – le vélo

ice cream – la glace • monkey – le singe

apple – la pomme • sheep – le mouton

flag – le drapeau • bicycle – le vélo

ice cream – la glace